Abrahán, Sara, e Isaac

La historia de fe en Dios de Abrahán para niños

Basada en Génesis 15:1-6; 17:15-19; 21:1-7; y 22:1-18

Escrito por Joanne Bader

Versión castellana de Mercedes Cecilia Fau

Ilustrado por Ed Koehler

Un hombre justo vivía
en una tierra muy lejana.
Él tenía mucha fe
pues en Dios siempre confiaba.

Su nombre era Abrahán,
bendecido del Señor,
con sirvientes, ganado, oro,
riquezas al por mayor.

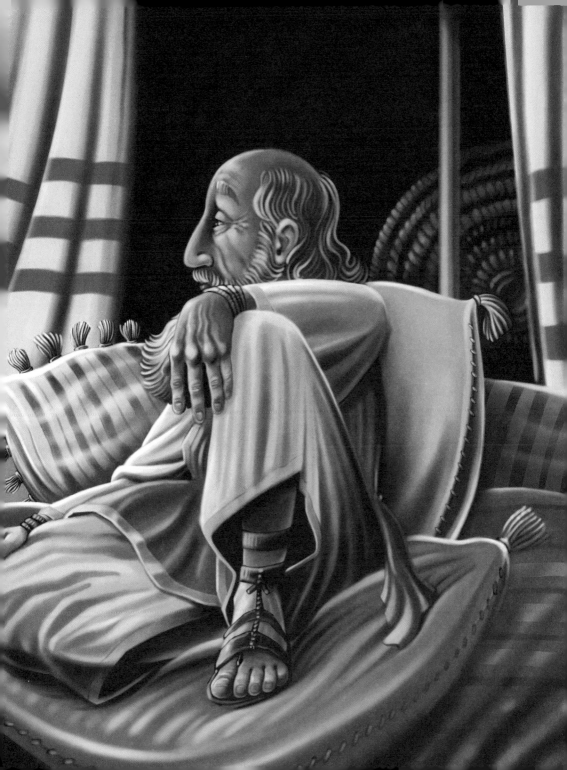

Su fiel esposa Sara
era avanzada en edad,
y ni un solo hijo
le había podido dar.

Ella estaba avergonzada
por ésta, su condición,
pero Abrahán seguía confiando
en la promesa de Dios:

"Cual las estrellas del cielo
tu descendencia será
y aunque lo quisieras,
nunca los podrás contar."

Y llegó el día en que Dios
dio la noticia a Abrahán:
—Tu esposa espera un hijo,
en tus pasos él seguirá.

Pasó el tiempo necesario,
por fin el niño nació.
Abrahán y Sara gozosos
daban las gracias a Dios.

Su querido hijo Isaac
crecía día a día,
en un joven admirable
el niño se convertía.

Al tiempo Dios dijo a Abrahán:
–Lleva a Isaac a un lugar distante,
harás con él sacrificio.
¡Esto sí que era chocante!

En la cima de una montaña
construirás un altar,
y a tu hijo tan amado
habrás de sacrificar.

A la mañana siguiente
Abrahán levantó a su hijo:
–Nos vamos a la montaña,
así el Señor me dijo.

Viajaron por varios días
hasta encontrar el lugar,
en que un altar al Señor
construyeron a la par.

–¡No tenemos un cordero!–
dijo Isaac sorprendido.
–Dios proveerá nuestra ofrenda–
quédate aquí conmigo.

La leña estaba apilada
e Isaac tendido encima,
Abrahán sacó su cuchilla
y se escuchó en la cima:

–¡No! ¡Detente! No lo hagas,
probaste tu fe en mí,
libera a Isaac que un carnero
está aquí para este fin.

–Ni a tu hijo rehusaste,
tu único hijo querido,
hoy te prometo, Abrahán:
¡tu linaje has bendecido!

Padre e hijo alabaron
y agradecieron a Dios
por todas las bendiciones,
por su gracia y por su amor.

Queridos padres,

¡Qué historia tan maravillosa de fe y amor, gracia y misericordia! Cuando Dios le pidió a Abrahán que sacrificara a su hijo amado, él estaba probando la fe de Abrahán. Como Abrahán no cuestionó a Dios ni dudó de él, estuvo dispuesto a hacer lo que Dios le había pedido. Abrahán probó su amor por el Señor y su gran fe en el plan de Dios para su familia. Él y sus descendientes fueron bendecidos, como Dios lo había prometido. No obstante, Abrahán no recibió la bendición de Dios debido a sus buenas obras. La bendición fue dada por gracia, misericordia, y fidelidad de Dios para con su pueblo.

Es importante destacar que en los tiempos del Antiguo Testamento los animales eran sacrificados en un altar para alabar a Dios porque él así lo había indicado. Ésta era la forma en la que el pueblo de Dios le demostraba su amor y le pedía perdón por sus pecados. Algunos sacrificios se utilizaban para proveer a los sacerdotes y a sus familias, algo parecido a nuestras ofrendas de hoy. Pero el propósito principal era recordarle al pueblo de Dios que una vida tenía que ser entregada para que ellos pudieran obtener el perdón de sus pecados.

Hoy no necesitamos el sacrificio de animales en altares como parte de nuestra alabanza. En la historia de Abrahán e Isaac, Dios proveyó un carnero como sacrificio. En Viernes Santo, Dios proveyó de un cordero como sacrificio. Ese Cordero de Dios, Jesús, murió en la cruz para pagar por nuestros pecados. Somos perdonados porque él murió por los pecados del mundo. Y nos regocijamos en que resucitó victorioso el domingo de Pascua.

¡A él sea la gloria!

El autor